Die bibliophilen Taschenbücher

NORBERT KUSTOS HYMNE AN DIE PROVENCE

Norbert Kustos

Hymne an die Provence

Harenberg Edition

Harenberg Edition
Die bibliophilen Taschenbücher 647

Gesamtherstellung Druckerei Hitzegrad, Dortmund
Printed in Germany

Mit jedem Zuge atme ich die Luft, die nach der Provence duftet. Alles, was mit jenem Land zu tun hat, gefällt mir. Und wenn ich darüber etwas Gutes höre, bin ich so glücklich, daß ich lächelnd zuhöre, und für jedes Wort wünsche ich mir hundert weitere. Denn man kennt kein schöneres Land als das zwischen der Rhône und Vence, der Durance und dem Meer. Keins gibt es, wo eine so reine Freude glänzt. Und deshalb ließ ich mein Herz in jenem edlen Lande . . .»

Peire Vidal

Mohnfeld in der Haute Provence

Olivenhain bei Malaucène

Lavendel – Charakteristikum der Provence

Wasserfall im Grand Cañon du Verdon

Passage du Styx in der Schlucht des Verdon

Ockersteinbruch im Colorado von Rustrel

Vincent van Gogh
In den Süden

Mein lieber Bruder, Du weißt, daß ich tausend Gründe hatte, in den Süden zu gehen und mich in die Arbeit zu stürzen.

Ich wollte ein anderes Licht sehen, ich dachte, wenn man die Natur unter einem helleren Himmel betrachtete, so bekäme man eine bessere Vorstellung von der Art, wie die Japaner empfinden und zeichnen.

Schließlich wollte ich diese stärkere Sonne sehen ... Dazu kommt eine Vorliebe des Herzens für diesen Süden, den Daudet im ‹Tartarin› geschildert hat, und dann habe ich auch hier und da Freunde gefunden und Dinge, die mir lieb sind ...

Ich habe Dir schon mehrmals gesagt, wie sehr mich die Camargue und die Crau, abgesehen vom Unterschied der Farbe und der Durchsichtigkeit der Atmosphäre, immer an das alte Holland zur Zeit Ruysdaels erinnern ...»

Peire Vidal
Kanzone zum Lobe der Heimat

Holder haucht es in den Winden,
die mir die Provence sendet;
süß ist alles, was sie spendet,
und, hör ich ihr Lob verkünden,
fühl ich, wie das Herz mir lacht,
hör es gern verhundertfacht:
nur ihr Preis ist mein Verlangen.

Nirgends ist die Welt so köstlich
wie vom Meer bis zur Durenza,
von der Rhone bis nach Venza,
nirgends strahlt die Lust so festlich;
drum in ländlich freiem Glück
blieb mein Herz bei ihr zurück,
die in Freude löst das Bangen.

Alles Planen und Verrichten
dank ich ihr, und alles Denken
laß ich nur von ihr mir schenken;
alles Lachen, alles Dichten,
alles, was mir wohl gelingt,
ist von ihrem Reiz beschwingt,
alles kühnste Unterfangen!

Jaufré Rudel
Kanzone von der Liebe im Traum

Wer singt, betreu die Melodie,
wer dichtet, sei des Worts bedacht;
wem nicht der Sinn im Herzen wacht,
dem fügt sich Reim zu Reime nie.
Doch hört, wie mir das Lied gedieh;
je mehr ihr's achtet, geht's euch nah:
Tralalara.

Find keiner mich verwunderlich,
wenn mich entzückt, was ich nicht seh;
nur ihrer, die mir fern von je,
erfreut mein Herz in Liebe sich,
nur ihrer Lust ergötz ich mich,
nicht kund, welch Glück von ihr mir nah':
Tralalara.

Gehäufte Lust trifft mich zu Tod,
mein Fleisch vergeht vor Liebesqual,
das Antlitz wird mir blaß und schmal;
kein Schlag bracht je mir solche Not;
Nie wollt's ja Sitte und Gebot,
daß man so schwer mich schmachten sah:
Tralalara.

Nie schlief so süß ich irgend ein,
daß nicht dahin mir flog der Sinn,
und eilend fliegt mein Herz dahin,
lieg irgend ich dahier in Pein;
doch weckt mich früh des Morgens Schein,
flieht all die Wonne, die ich sah:
Tralalara.

Ich weiß, nie freut ich mich an ihr,
und nie wird sie sich mein erfreun,
nie als Geliebten mich betreun,
nie sich mir schenken nach Gebühr;
nie sprach sie Lug noch Wahrheit mir,
we weiß, ob je, wär sie auch da:
Tralalara.

Das Lied ist gut und wohlgetan,
nach aller Kunst hab ichs gemacht;
doch wer's von mir entlehnt, geb acht,
er brech und stückle nichts daran;
so find's zu Quercy Herrn Bertran,
find auch Toulousens Grafen da:
Tralalara.

Das Lied ist gut, bald hebt ihr's an,
wenn dort das hohe Werk geschah:
Tralalara.

Marcabru
Romanze vom Mädchen des Kreuzfahrers

Im Garten, wo der Quell entfließt,
der Rasen grün den Kies umschließt,
und schattend breit der Obstbaum sprießt,
dort unterm weißen Blütenflor
voll neuen Sangs nach Brauch und Zeit
sah einsam ich und ohn Geleit
sie, die mir jeden Scherz verwehrt.

Ein Mädchen war's, gar hold und fein,
des nahen Burgherrn Töchterlein;
zur Freude, dacht ich, lüd sie ein
das frische Grün, der Zwitscherchor,
daß sie in selger Frühlingsheit
auch mich zu hören wär bereit;
doch jäh war ihre Art verkehrt.

Dem Quell saß weinend sie gesellt,
von Seufzern tief die Brust geschwellt:
«Jesus», so sprach sie, «Herr der Welt,
um dich erwächst mir großes Leid;
daß man dich schmäht, bedrückt auch mich,
da rings die Besten nun für dich
zu Felde ziehn, wie du's begehrt.

Für dich zog auch mein Freund dahin,
schön, edel, stark, von hohem Sinn,
drob ich nun völlig elend bin
vor Sehnsucht und vor Traurigkeit.
Weh, König Ludwig stürz in Not!
Sein Ruf bewirkt's und sein Gebot,
daß solcher Schmerz mein Herz beschwert.»

Dieweil sie klagte so bedrängt,
hatt ich zum Quell den Schritt gelenkt
und sagte: «Schönste Maid, bedenkt,
vom Weinen wird man krank und bleich;
Ihr braucht nicht zu verzweifeln – glaubt,
Er, der die Büsche neu belaubt,
wirkt auch, daß Ihr zu Freuden kehrt.»

«Herr», sprach das Mädchen, «ich vertrau,
daß in des Jenseits selger Au
ich Gottes ewge Gnade schau
wie andre Sünder wohl zugleich;
doch hier kam ich um meinen Schatz,
und keiner Freude geb ich Platz,
da er so weit von dannen fährt.»

Peire d'Alvernhe
Sirventes über die Trobadors

Von Trobadors sing ich ein Lied,
wie jedem Farb und Art geriet:
der schlechtste preist noch sein Talent –
säng er nur lieber anderswo;
hier gröln schon hundert Hirten so,
daß keiner Hoch und Tief erkennt.

Peire Rogier fehlt darin zuschwerst,
drum komm sein Tadel hier zuerst;
als Liebessänger tritt er auf,
doch taugte ihm der Psalter mehr
und in der Kirche, groß und schwer,
die Leuchter mit den Kerzen drauf.

Giraut Bornelh, zu zweit genannt,
dörrt wie ein Schlauch im Sonnenbrand
und singt gar dünn und jämmerlich;
kein Wasserweib macht solch Gekräh,
und wenn er sich im Spiegel säh,
gäb keine Eichel er für sich.

Bernart von Ventadorn, zu dritt,
hält noch ne Handbreit schlechter Schritt;
sein Vater, als ein biedrer Knecht,

schoß mit dem Eichenbogen gut;
die Mutter heizte Ofenglut
und klaubte Reisig schlecht und recht.

Zu neunt sei Herrn Raimbauts gedacht,
er rühmt als Dichter sich mit Macht,
doch seh ich bald ihn hingestreckt;
denn er ist weder kalt noch warm,
ein Straßenpfeifer, der den Arm
als Bettler nach Almosen reckt.

Doch Peire von Alvernhe singt,
wie Froschgequack im Brunne klingt,
und wirft sich mächtig in die Brust;
als Meister fänd er aller Dank,
wär etwas klarer nur sein Sang;
denn so wird's keinem recht bewußt.

Zum Dudelsack dies Lied erklang
einst zu Puivert bei Scherz und Lust.

Die Burgruine von Les Baux

Das Dorf Les Baux

Im Vaucluse

Abenddämmerung über Les Antibes

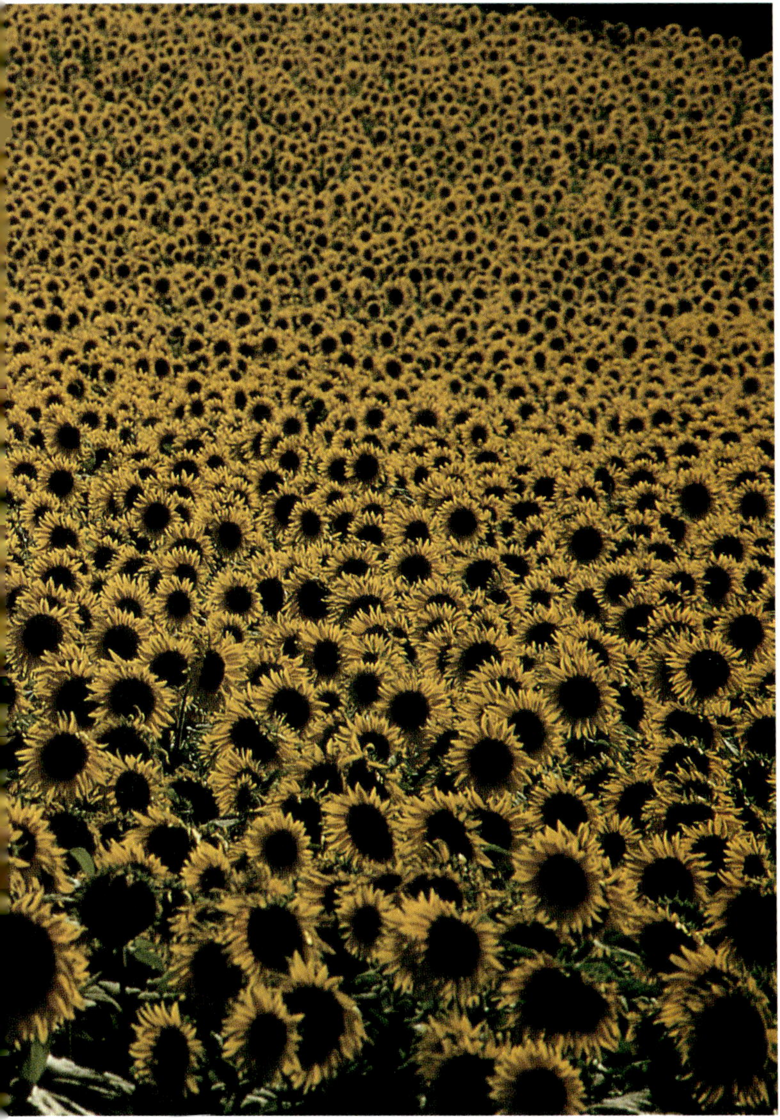

Sonnenblumen im Luberon

Dorf der Bories bei Gordes

Pont du Gard

Das antike Theater von Orange

Das Château von Tarascon

Landschaft bei Aurel

Der Papstpalast, Wahrzeichen von Avignon

Bei Saignon

Petrarca
Sonette an Laura

Und plötzlich werden meine Seufzer laut
Und rufen dich und rufen deinen Namen,
Der meinem Herzen längst von wundersamen
Gewalten eingegossen und vertraut.

Ich trinke deinen Namen Laut um Laut:
«Lob, Anmut, Unschuld, Ruhm . . .» Weh! Was vernahmen
Die nur zu wachen Sinne? Weh! Erlahmen
Fühl ich den Flug, dem vor dem Abgrund graut.

Denn warnend webt sich aus dem letzten Klange
Ein heiliges Ahnen: «Andacht» tönt's empor
Und macht vor meiner Niedrigkeit mir bange,

Bis sich in Ehrfurcht mein Begehr verlor.
– Was kann ich, Laura, tun zu deiner Feier?
– Nichts! – Dich besingt nur eines Gottes Leier.

So schwebst du leicht und heiter vor mir her,
Geliebte, stolz, von Liebe nichts zu wissen.
Ich folge dir, von Sehnsucht hingerissen.
– Ach, das Verlangen macht die Umkehr schwer!

Versklavt, gebrochen, ohne Gegenwehr,
Verrät den Schwachen treulos das Gewissen.
Ich mühe mich in tausend Finsternissen,
Ich find die rechte Straße nimmermehr.

Zum Tode führt die Straße, die ich schreite.
Ich weiß es, Laura, doch sie führt zu dir!
So duld ich, daß die Liebe mich geleite.

Du, Laura, gleichst des Lorbeer herber Zier:
Wer, sie verkostend, hoffte zu gesunden,
Gesundet nicht, er stirbt an seinen Wunden.

Des Adlers Auge, kühl wie Stahl und klar,
Besteht den Glanz der Sonne ohne Zagen.
Doch nächtens nur zieht heimlich aus zum Jagen
Die Eule, scheut die strahlende Gefahr.

Vom Licht getroffen, ahnt der Falter zwar,
Daß er nicht taugt, das Feuer zu ertragen;
Doch treibt's ihn in die Flamme. Mit Behagen
Bringt blind dem Zauber er sein Leben dar.

Mein Los, du armer Falter, gleicht dem deinen:
Zu schwach bin ich; es zieht mich mächtig fort.
Oh, könnt ich still im Schutz des Dunkels weinen!

Doch weh! Ich *muß* sie schauen! Dort! Ja dort,
Wo kaum die kranken Augen dich erkennen!
Laura! – ich muß zu dir! In dir verbrennen!

Wie seltsam deine starken Augen leuchten!
In ihnen wohnt die Liebe, wohnt der Tod.
– Ich fliehe sie, die lang schon meine Not
Grausam in Angst und trübes Ahnen scheuchten.

Kein Berg war mir zu steil; selbst in die feuchten
Moräste barg ich mich. Wo Schutz sich bot,
Dort kehrt ich eiligst ein. – Was mich bedroht,
Sind deine Augen, die so seltsam leuchten.

Und dennoch kam ich! – Spät zwar! Doch ich kam!
Ich kam zurück. Ich trotzte der Gefahr.
– Vergib, daß Zeit ich zum Bedenken nahm.

Und mehr noch! Daß ich kühn dem Abenteuer
Aufs neu mich stelle, zeigt es dir nicht klar,
Wie lieb du mir, wie über alles teuer?

Gesegnet sei das Jahr, der Tag, die Stunde,
Der Stand der Sonne und der Lüfte Wehen,
Da ich dein strahlend Aug zuerst gesehen,
Das erste Wort vernahm aus deinem Munde.

Gesegnet sei die erste süße Wunde,
Der Schmerz, den mich die Liebe ließ bestehen;
Gesegnet das Entzücken, das vergehen
Mein Herze macht, daß nimmer es gesunde.

Gesegnet sei der Hauch, der tausendmal
Den heißgeliebten Namen ließ erklingen,
Gesegnet Tränen, Seufzer, Sehnsuchtsqual.

Und die zu *ihrem* Ruhm nur soll erklingen,
Geliebte Leier, sei gebenedeit,
und all mein Sinnen, das nur ihr geweiht.

Ich sah – wie konnt das Wunder ich bestehen? –
Der Engel Anmut auf der Erde Flur.
Was einst mir Schönheit dünkte, scheint mir nur
Wie Schatten, die dem Rauche gleich vergehen.

Und fassungslos zerbrach ich vor dem Wehen
Beredter Seufzer. – Ach! – Ich sah die Spur,
Geliebte, deiner Träne! – Die Natur
Erschrak, die schnellen Flüsse blieben stehen.

Denn Liebe, Mitleid und ein heilig Trauern,
Sie rauschten auf in Schwermut und Verzagen,
Erfüllten Meer und Land mit frommen Schauern.

Der Himmel selbst verfiel dem süßen Klagen,
Es schwieg der Wind, es lauschten Baum und Strauch,
Die stille See beflügelte kein Hauch.

Was suchst du, Tor, den Schnee vom alten Jahr?
Was quälst du dich und fügest neues Reis
Zur alten Glut? Noch brennt sie hell und heiß.
– Und doch: es starb, was einst so köstlich war.

Das süße Wort, der Blick, so rein und klar,
Sie, deines Liedes Krone, Lust und Preis,

Entschwanden dieser Erde engem Kreis. –
Laß fahren deiner Wünsche wilde Schar!

O gönne Ruh dem Tode, der dich tötet,
Entsag dem Traumbild, das dich nächtlich drängt,
Vertrau dem Morgen, der sich trostreich rötet.

Im Himmel such dein Heil und nicht hinnieden!
– O Schönheit, du, an der mein Herze hängt,
Im Tode noch bedrohst du meinen Frieden!

Zum Lichte allen Lichtes heimgegangen
Ist meine Sonne, die den Pfad mir wies,
Den glorreich steilen Pfad zum Paradies:
Und dunkle Nacht hält nun die Welt umfangen.

Müd treibt mich Einsamen ein scheues Bangen
– Schwer ist mein Sinn! –, nach *ihr,* die mich verließ,
Betränten Auges zu durchstreifen dies
Verwaiste Tal in schmerzlichem Verlangen.

Wo einst sie lebte, dahin drängt das Herz.
Dort irr ich, von der Liebe umgetrieben,
Ein todeswundes Tier in öder Wüste.

Vergebens! – Nichts, nichts ist zurückgeblieben,
Was meines Suchens blinde Qual versüßte:
Denn jede Spur weist heilig himmelwärts.

Petrarca
Eine Besteigung des Mont Ventoux

Den höchsten Berg dieser Gegend, den man nicht unverdientermaßen Ventosus, den Windigen, nennt, habe ich am heutigen Tage bestiegen. Dabei trieb mich einzig die Begierde, die ungewöhnliche Höhe dieses Flecks Erde durch Augenschein kennzulernen. Viele Jahre lang hatte dieses Unternehmen mir im Sinne gelegen; dieser Berg, der von allen Seiten weithin sichtbar ist, steht mir fast immer vor Augen . . .

Zuerst stand ich, durch einen ungewohnten Hauch der Luft und durch einen ganz freien Rundblick bewegt, einem Betäubten gleich. Ich schaute nach unten: Wolken lagerten zu meinen Füßen, und schon sind mir Athos und Olymp minder unglaublich geworden, da ich das, was ich über sie gelesen und gehört, auf einem Berge von geringerem Rufe zu sehen bekomme. Ich richte nunmehr meine Augen nach der Seite, wo Italien liegt, nach dort, wohin mein Geist sich so sehr gezogen fühlt. Die Alpen selber – eisstarrend und schneebedeckt –, . . . sie erschienen mir greifbar nahe, obwohl sie durch einen weiten Zwischenraum getrennt sind . . .

Der Grenzwall der gallischen Lande und Hispaniens, der Grat des Pyrenäengebirges, ist von dort nicht zu sehen, nicht daß meines Wissens irgendein Hindernis dazwischenträte – nein, nur infolge der Gebrechlichkeit des menschlichen Sehvermögens. Hingegen sah ich klar zur Rechten die Gebirge der Provinz von Lyon, zur Linken sogar den Golf von Marseille, und den, der gegen Aigues-Mortes brandet, wo doch all dies einige Tagesreisen entfernt ist. Die Rhône lag mir geradezu vor Augen . . .

Wie oft, glaubst du, habe ich an diesem denkwürdigen Tage, mich auf dem Rückwege umblickend, den Gipfel des Berges betrachtet, und er schien mir kaum die Höhe einer Elle zu haben gegenüber der Höhe menschlicher Betrachtung, wollte man sie nur nicht in den Schmutz irdischer Abscheulichkeit versenken. Und auch das kam mir Schritt für Schritt in den Sinn: Wenn es einen nicht reut, soviel Schweiß und Mühe auf sich zu nehmen, damit der Leib ein klein weniges dem Himmel näher komme, welches Kreuz, welche Kerkerqual, welcher Marterstahl dürfte dann die Seele schrecken, die da Gott sich naht und die dabei die aufgeschwollene Bergeskuppe der Überhebung und die Geschicke der Sterblichkeit unter die Füße tritt? Und auch dies: Wie vielen wird es denn überhaupt beschieden sein, daß sie von dieser Straße aus Furcht vor Hartem oder aus Gier nach Weichem nicht abschweifen? O, überglücklich ist ein solcher Mensch – wenn es jemals einen gibt . . .

Unter solchen Bewegungen der aufgewühlten Brust gelangte ich in tiefer Nacht, ohne vom steinigen Weg etwas zu fühlen, zurück zu der bäuerlichen Herberge, von wo ich vor Tageslicht aufgebrochen; und die mondhelle Nacht gewährte uns beim Gehen willkommenen Beistand.»

Die Ockerfelsen von Roussillon

Blick auf Roussillon

Am Dorfplatz in Roussillon

Blühende Kirschbäume im Luberon

Gordes am Rande des Plateau de Vaucluse

Edelkastanie auf dem Plateau de Vaucluse

WEINBAU AN DEN BERGHÄNGEN DES BARONNIES

Mimosenzweig

Vincent van Gogh
Der Sieg der Farben

Mein lieber Theo! Ich stecke in einer wahren Arbeitswut. Die Bäume stehen in Blüte, und ich möchte einen richtigen provençalischen Obstgarten mit seiner hinreißenden Heiterkeit fertigkriegen. Dir mit ruhigem Kopf zu schreiben ist also fast unmöglich ...

Es ist nicht möglich, Valeurs und Farbe zu geben.

Th. Rousseau hat es besser gemacht als irgendwer sonst, indem er seine Farben mischte, aber das Schwarz ist durch die Zeit stärker geworden, und seine Bilder sind jetzt nicht mehr zu erkennen. Man kann nicht zu gleicher Zeit am Pol und am Äquator sein.

Man muß für eine Seite Partei nehmen, was ich richtig zu tun hoffe, und zwar für die Farbe ...

Frühmorgens habe ich an einem blühenden Pflaumenbaum gearbeitet. Plötzlich erhob sich ein furchtbarer Sturm. Das gab einen Effekt, wie ich ihn nirgends sonst als hier gesehen habe, und in gewissen Abständen kam er immer wieder. Zwischendurch die Sonne, in der alle kleinen weißen Blüten glänzten. Es war unglaublich schön. Mein Freund, der Däne, kam auch dazu, und auf gut Glück und die Gefahr hin, die ganze Geschichte einstürzen zu sehen, habe ich weitergemalt. In dieser Helligkeit ist sehr viel Gelb mit Blau und Lila. Der Himmel ist weiß und blau. Aber was nur werden die Leute zum Pinselstrich sagen, den man im Freien bekommt? Warten wir es ab ...

Ich bin noch immer überzeugt, daß die Natur hier genau so ist, wie man's braucht, um farbig zu malen, und ich glaube fast, daß ich mich überhaupt nicht mehr von hier fortrühren werde ...

Schmutzig ist diese Stadt mit den alten Straßen!

Die Arleserinnen, von denen man so viel spricht – nicht wahr, Du weißt ja, was ich im großen und ganzen von ihnen denke? Sicher sind sie bezaubernd, aber es ist nicht mehr das, was es einmal gewesen sein muß, es sieht jetzt eher nach Mignard als nach Mantegna aus, denn sie stecken in der Dekadenz.

Aber das schadet nichts, schön ist es doch, sehr schön, und ich spreche nur vom Typus des romanischen Charakters, er ist ein wenig langweilig und gewöhnlich, doch was für Ausnahmen gibt es darunter!

Es gibt hier Frauen wie von Fragonard oder von Renoir, aber man kann ja nicht noch mal gestalten, was in der Malerei schon gemacht worden ist . . .

Ich habe zwei neue Studien, eine Brücke und einen Straßenrand. Viele Motive hier sind im Charakter ganz genauso wie in Holland. Der Unterschied liegt in der Farbe. Hier gibt es überall einen schwefelgelben Ton, die Sonne fällt einem in die Augen.

Du weißt doch, daß wir von Renoir einmal einen wundervollen Rosengarten gesehen haben. Ich hatte gehofft, hier ähnliche Motive zu finden, und wirklich, mit den blühenden Obstgärten war dies auch der Fall; aber jetzt hat sich das Aussehen verändert, und die Landschaft ist viel wilder geworden, doch was für ein Grün und ein Blau! Ich muß sagen, daß einige Landschaften, die ich von Cézanne kenne, diese Töne unheimlich gut wiedergeben, und ich bedaure, das nicht vorher gesehen zu haben. Neulich sah ich ein Motiv, genau wie die schöne Landschaft von Monticelli mit den Pappeln, die wir bei Reid gesehen haben. Um Gärten wie die von Renoir zu finden, müßte man wahrscheinlich in die Gegend von Nizza ziehen. Hier habe ich sehr wenig Rosen gesehen, obwohl es welche gibt, unter anderem die großen roten Rosen, die man *roses de Provence* nennt . . .

Eigenartig, wie es jetzt an den Abenden auf dem Mont Majour aussieht. Ich habe da einen roten Sonnenuntergang gesehen mit Strahlen auf den Stämmen und im Blätterwerk der Fichten, die im Steingeröll wachsen. Er färbte mit einem orange leuchtenden Feuer Stämme und Blätterwerk, während die anderen Fichten im Hintergrund sich preußischblau abzeichneten vor einem zarten blaugrünen Himmel. Das waren genau die Efekte von Claude Monet. Es war bezaubernd. Der weiße Sand und die geschichteten weißen Felsen unter den Bäumen in blauen Schattierungen. Das möchte ich gerne machen, diesen Ausblick, von dem Du ja die ersten Zeichnungen besitzt. Er ist so weit und verschwimmt auch nicht ins Graue. Alles bleibt grün, bis auf den letzten Strich; das ist dann die Gruppierung der Hügel, die ist blau . . .

Das ist jetzt eine ganz andere Sache als im Frühling. Und sicher liebe ich die Natur, die fast brennt, nicht weniger.

Jetzt ist altes Gold darin, Bronze, Kupfer, könnte man sagen, und mit dem grünlichen Azur des Himmels, all das bis zur Weißglut erhitzt, ergibt das eine wundervolle, außerordentlich harmonische Farbe mit gebrochenen Tönen à la Delacroix . . .

Ich muß zu dieser Sicherheit der Farbengebung kommen, die ich in dem einen Bild, das alle die anderen geradezu erschlägt, herausgebracht habe.

Ich denke jetzt daran, daß die Cézannes, die Portier hatte, allein gesehen, gar nicht so stark wirkten, aber wenn man sie neben andere Bilder stellte, erschlugen sie doch die Farben der andern.

Und auch daran, daß diese Cézannes sich gut im goldenen Rahmen machten, was eine ganz helle Farbskala voraussetzt. Nun vielleicht, vielleicht bin ich auf der richtigen Spur, und mein Auge bildet sich nach der Natur hier. Warten wir ab, um sicherzugehen. Das letzte Bild erträgt selbst die rote Umgebung der Backsteine, mit denen das Atelier gepflastert ist. Wenn ich es auf den Boden lege, auf den ziegelroten, ganz, ganz roten Grund, so wird die Farbe des Bildes nicht schmutzig oder käsig. Die Natur bei Aix, wo Cézanne arbeitete, ist genau die gleiche wie hier, nämlich auch die Crau. Wenn ich mit meinem Bild nach Hause komme und mir sage, jetzt bin ich ja auf dieselben Farben wie Vater Cézanne gestoßen, so will ich nur sagen, daß Cézanne aus derselben Gegend wie Zola stammt und sie darum so intim kennt und daß man nun mal ganz intim arbeiten muß, auch mit denselben Überlegungen, um zu den gleichen Tönen zu kommen. Dann wird sich die Gesamtwirkung der Bilder nebeneinander behaupten, aber selbstverständlich nicht die gleiche sein ...

Das tiefe Blau des Himmels war mit Wolken von noch tieferem Blau als das Blau des Grundes bedeckt, ein ganz starkes Kobalt, andere wieder waren von einem helleren Blau als die bläuliche Helle der Milchstraße. Auf diesem blauen Grund funkelten hell die Sterne, grünlich, gelb, weiß, rosa, noch diamentenreiner als die kostbarsten Edelsteine hier, leuchtender auch, als die Sterne in Paris leuchten, wie Opale, Lapislazuli, Smaragde, Rubine und Saphire – das muß man schon sagen.

Über das Meer hinweg konnte man weit und tief hinausschauen, die Dünen waren veilchenblau und fuchsrot und doch bleich, mit Buschwerk, auf einer Düne (5 m hoch) war das Buschwerk ganz preußischblau ...

Bei den Landschaften finde ich allmählich, daß gewisse Arbeiten, die ich so rasch wie noch nie gemacht habe, nun meine besten Bilder sind ...

Es gilt, das Gleichgewicht der sechs wesentlichen Farben zu finden, Rot, Blau, Gelb, Orange, Lila, Grün. Ein trockenes Arbeiten und Rechnen – da ist der Geist bis zum Zerreißen gespannt wie bei einem Schauspieler, der eine schwere Rolle spielt. Man muß in einer einzigen halben Stunde an mehr als tausend Sachen denken ...

Nun, lassen wir alle Theorien beiseite. Ich will Dir ein Beispiel geben von dem, was ich meine.

Ich will das Bild eines Freundes, eines Künstlers, machen, der große Träume träumt, der arbeitet, wie die Nachtigall singt, weil das eben seine Natur ist. Dieser Mann wird blond sein. Ich möchte in das Bild meine ganze Bewunderung malen, alle Liebe, die ich für ihn empfinde.

Ich werde ihn also malen, wie er ist, so getreu ich nur kann. Aber damit ist das Gemälde nicht fertig. Um es zu vollenden, werde ich jetzt eigenmächtiger Kolorist: Ich übertreibe das Blond der Haare. Ich komme zu Orangetönen, zum Chrom, zur hellen Zitronenfarbe. Hinter dem Kopf male ich anstelle der gewöhnlichen Wand eines gemeinen Zimmers das Unendliche. Ich mache einen Grund von reichstem Blau, das kräftigste, das ich herausbringen kann. Und so bekommt der blonde, leuchtende Kopf auf dem Hintergrund von reichem Blau eine mystische Wirkung wie der Stern im tiefen Azur.

Bei dem Bild des Bauern bin ich auf die gleiche Weise vorgegangen. Allerdings wollte ich in diesem Fall nicht die mystische Wirkung eines bleichen Gestirns im Unendlichen hervorbringen, sondern ich setzte den erschreckenden Mann in die volle Glut der Ernte, mitten in die stärkste Mittagshitze.

Darum die Orange-Blitze wie rote Flammen. Darum die Töne von altem Gold, die in den Finsternissen leuchten ...

Jetzt haben wir strahlend heftige Hitze und Windstille. Das ist gut für meine Arbeit. Eine Sonne, ein Licht, die ich mit meinen schwachen Worten nur als gelb, leicht schwefelgelb, wie goldene helle Zitronenfarbe beschreiben kann. Wie schön ist dieses Gelb, und wieviel besser werde ich danach den Norden sehen! Ach, wie wünsche ich den Tag herbei, da auch Du diese südliche Sonne sehen und empfinden wirst ...

Ich bin mit demselben Eifer beim Malen, mit dem ein Marseiller seine Bouillabaisse ißt. Das wird Dich nicht wundern, denn es handelt sich um große Sonnenblumen.

Zur Zeit sind drei Bilder in Arbeit:

1. drei große Blumen in einer grünen Vase, heller Hintergrund, Leinwand zu 15,
2. drei Blumen, ein Ableger, entblättert, eine Knospe, auf königsblauem Hintergrund, Leinwand zu 25,
3. 12 Blumen und Knospen in einer gelben Vase, Leinwand zu 30. Das letzte Stück ist hell auf hell und wird, wie ich hoffe, das beste sein.

Da ich hoffe, mit Gauguin in unserem eigenen Atelier zu leben, will ich dafür Dekorationsbilder machen – lauter große Sonnenblumen ...

Wenn ich diesen Plan ausführe, wird es wohl ein Dutzend Bilder geben. Das Ganze wird eine Sinfonie in Blau und Gelb sein. Ich arbeite jeden Morgen bei Sonnenaufgang, denn die Blumen welken rasch, und das Ganze muß in einem Zug gemacht werden.

Gut, daß Du Tasset gesagt hast, er müsse uns ein paar Farbentuben geben für die 15 Frs., die die beiden unfrankierten Sendungen gekostet haben. Wenn ich mit den Sonnenblumen fertig bin, wird mir wahrscheinlich Gelb und Blau fehlen. Darum gebe ich Dir hierfür noch einen kleinen Auftrag. Die gewöhnliche Leinwand von Tasset, die 50 Cts. teurer war als die von Bourgeois, ist vorzüglich präpariert ...

Jetzt bin ich beim vierten Bild mit Sonnenblumen.

Dieses vierte ein Strauß von 14 Blumen auf gelbem Grund, wie ein Stilleben von Quitten und Zitronen, das ich dieser Tage gemacht habe. Allerdings wirkt es, weil es größer ist, ganz besonders, und ich glaube, daß ich es auch mit mehr Einfachheit gemalt habe als die Quitten und Zitronen.

Erinnerst Du Dich, daß wir einmal im Hotel Drouot einen ganz außerordentlichen Manet gesehen haben, rosafarbene Pfingstrosen und grüne Blätter auf hellem Grund? Ganz Luftigkeit und doch auch Blume! Und trotzdem kräftige, solide Malerei mit vollem Farbenauftrag und nicht wie Jeannin.

Sieh, das nenne ich Einfachheit der Technik, und ich muß Dir sagen, daß ich in diesen Tagen mit aller Anstrengung versuche, eine Arbeit ohne Pointillierung oder irgend etwas dergleichen mit dem Pinsel zu machen, nichts als einen wechselnden Pinselstrich. Du wirst ja sehen. Wie schade, daß die Malerei soviel Geld kostet ...

Mit den Sonnenblumen geht es vorwärts. Ich habe jetzt einen neuen Strauß von 14 Blumen auf grünem Grund gemacht. Es ist genau die gleiche Wirkung – aber in größerem Format, eine Leinwand zu 30 – wie dieses Stilleben von Quitten und Zitronen, welches Du bereits hast. Aber in den Sonnenblumen ist die Malerei viel einfacher. Du erinnerst Dich doch an den Manet, den wir im Hotel Drouot sahen, den Strauß von Pfingstrosen? Die rosa Blumen, die ganz grünen Blätter sind mit vollem Farbenauftrag gemalt – nicht mit Lasuren wie die Sachen von Jeannin – und heben sich, glaube ich, von einem einfachen weißen Grund ab.

Das hat etwas so Gesundes!

Was die Pointillierung betrifft, diese Farbenglorie, dieses besondere Etwas, so halte ich das für eine wirkliche Entdeckung. Aber man kann schon vorher sehen, daß diese Technik, ebensowenig wie irgendeine andere, zu einem Universaldogma wird. Ein Grund mehr, warum die ‹Grande Jatte› von Seurat, die pointillierten Landschaften von Signac, das Schiff von Anquentin mit der Zeit noch persönlicher, noch origineller wirken werden ...

Ich schwanke fortwährend zwischen zwei Gedanken. Der erste: diese materiellen Schwierigkeiten, dieses Sichwinden, nur um zu existieren. Der zweite: das Studium der Farbe. Ich hoffe immer, darin irgend etwas zu finden. Man muß die Liebe zweier Liebender durch die Verbindung zweier Komplementärfarben ausdrücken, durch ihre Mischung und Ergänzung und die so geheimnisvolle Vibration der verwandten Töne. Man muß den Gedanken hinter einer Stirn ausdrücken, die Hoffnung durch irgendeinen Stern, die lebendige Leidenschaft durch die Strahlen der untergehenden Sonne. Das ist sicher keine realistische Augentäuscherei, aber ist es nicht das Wesentlichere . . .

Um ein wirklich südliches Bild zu malen, genügt nicht eine gewisse Geschicklichkeit, man muß die Dinge lange ansehen, erst das macht einen reif dafür und läßt sie uns tiefer verstehen.

Als ich von Paris wegging, hätte ich niemals gedacht, daß ich einen Monticelli oder Delacroix hier derart bestätigt finde. Nach Monaten und Monaten begann ich erst zu erkennen, daß sie tatsächlich nichts erfunden haben. Nächstes Jahr wirst Du von mir wohl die gleichen Gärten und die gleiche Ernte sehen, aber mit anderen Farben und in einer anderen Handschrift. Und das wird immer so weitergehen, diese Veränderungen und Abweichungen.»

Walnussbaum im Lavendelfeld

Lindenblütenernte, Plateau de Vaucluse

Platanenallee bei St-Rémy-de-Provence

 Die Zisterzienserabtei von Sénanque

Auguste Renoir
Über die Unsitte, im Freien zu malen

Um 1883 hatte ich den Impressionismus ausgeschöpft und war am Ende zu dem Schluß gelangt, daß ich weder malen noch zeichnen konnte. Kurz gesagt, der Impressionismus führte in eine Sackgasse ... Schließlich sah ich ein, daß er zu umständlich war, eine Malerei, die einen ständig zu Kompromissen mit sich selber zwingt. Im Freien ist das Licht abwechslungsreicher als im Atelier, wo es für alle Vorhaben und Zwecke unveränderlich bleibt. Aber gerade aus diesem Grunde spielt das Licht im Freien eine zu große Rolle. Man hat keine Zeit, eine Komposition durchzufeilen, man sieht nicht, was man macht ... Malt ein Künstler direkt nach der Natur, sucht er im Grunde nach nichts anderem als nach Augenblickseffekten. Er bemüht sich nicht zu gestalten – und bald werden seine Bilder eintönig.»

Der Garten Renoirs in Cagnes

In Châteauneuf de Gardagne

Victor de Vasarély
Im Licht der Provence

Man betrachte nur die winzigen quadratischen Fensteröffnungen in den provençalischen Bauernhäusern. Sieht man durch sie von innen nach außen, strömt einem blendende Helligkeit entgegen und verwischt die Ränder zur Unschärfe. Sieht man sie hingegen von außen an, sind sie scharf geschnittene, dunkle Quadrate.

Die Häuser Südfrankreichs haben mir eine in sich widerspruchsvolle Perspektive aufgezeigt. Niemals gelingt es dort dem Auge, Schatten und festes Mauerwerk klar zu unterscheiden. Flächen und Räume, Formen und Hintergründe vermischen sich, wechseln einander ab, sie werden zu Abstraktionen und beginnen ihr ganz eigenständiges Leben . . .»

Auf dem Plateau de Valensole

In Aix-en-Provence

Graf Mirabeau
Der Staatsmann aus Aix

Sehen Sie denn nicht, daß Sie, wenn Sie den Staatsbankrott erklären, oder noch schlimmer, ihn unvermeidlich machen, sich mit einer tausendmal krimінelleren, einer sinnlos kriminellen Handlung beschmutzen? Glauben Sie etwa, weil Sie nichts zahlen, schuldeten Sie nichts mehr? Glauben Sie, daß die Tausende Ihrer Opfer Sie in den Genuß Ihres Verbrechens kommen lassen werden? Sind Sie ganz sicher, daß zahllose Menschen ohne Brot Sie in aller Ruhe Ihre Mahlzeiten genießen lassen, die Sie weder im Umfang noch in ihrer Erlesenheit einschränken wollen? . . . Ist es wirklich eine so edle Handlung, einen Teil des Einkommens abzugeben, um alles zu retten, was man besitzt? Nur einfache Arithmetik. Wer zögert, kann die Empörung nur durch die Verachtung entwaffnen, die seine Dummheit einflößt. Es ist die einfachste Klugheit, die trivialste Weisheit, Euer primitivstes Interesse, an das ich appelliere . . . Der Bankrott ist da, jetzt ist er da, der grauenhafte Bankrott, und droht Euch zu verschlingen, Euch, Euere Besitztümer und Eure Ehre, und was tut Ihr? Ihr beratet!»

Rede vor der Nationalversammlung, 1789

«Eine große Umwälzung aller menschlichen Verhältnisse zum Nutzen des Menschengeschlechtes wollte ich vorbereiten, beschleunigen und ihr vielleicht die Richtung geben. Man irrt sich, wenn man vermutet, ich ließe mich von Rachegefühlen gegen den provençalischen Adel leiten, weil er mich so schändlich herausgefordert hat. Versagen und Niedertracht der Regierung einerseits, Dummheit und Stümperei der antirevolutionären Seite andererseits haben mich öfter als nur einmal über mein eigenes Maß hinausgerissen, doch ich hatte immer den Wunsch, in der richtigen Mitte zu bleiben oder dorthin zurückzukehren ... Ans Ruder wollte ich nur durch Sachzwänge gelangen. Zu verzeihen habe ich mir nichts und werde mir auch nie etwas verzeihen. Ich nähere mich meinem Lebensabend. Ich bin müde, aber nicht mutlos, die Umstände haben mich einsam gemacht, und ich sehne mich nach Ruhe stärker, als man glaubt ... Wenn ich die nötigen Mittel fände, will ich glücklich zu sein versuchen, und sei es beim Kegelschieben. Als ehrenvollen Ruhestand könnte ich vielleicht auf eine Gesandtschaft hoffen. Vorher muß ich freilich mein Handwerk noch zu Ende bringen ... Man muß den Erlaß über die Minister rückgängig machen; entweder wird er widerrufen werden, oder die Revolution findet keinen festen Halt!»

Brief an seine Frau, 1789

«Es gibt nur zwei Personen in der Versammlung, auf die er heimlich zielen kann. Die anderen haben genug Proben ihrer Freiheitsliebe, ihres Mutes und ihres Gemeinsinns abgelegt, um den ehrenwerten Abgeordneten die Garantie zu geben. Wer sind nun die beiden Mitglieder? Sie haben es bereits erraten, meine Herren, es sind der Antragsteller und ich. Ich sage zunächst der Antragsteller, weil es möglich ist, daß seine verwirrte Bescheidenheit oder sein selbstunsicherer Mut ihn einen großen Vertrauensbeweis befürchten läßt, und daß er sich den Weg, ihn abzulehnen, offenhalten wollte, dadurch daß er die allgemeine Ausschließung einführen läßt. Alsdann sage ich: ich selbst, weil im Volk verbreitete Gerüchte über mich manchen Personen Ängste eingeflößt haben, und anderen vielleicht auch Hoffnungen, und weil der Antragsteller diesen Gerüchten vielleicht Glauben geschenkt hat, oder weil es sehr wohl möglich ist, daß er von mir die gleiche Vorstellung hat, die ich selbst von mir habe; und so bin ich denn nicht darüber verwundert, daß er mich für unfähig hält, eine Aufgabe zu erfüllen, die ich als weit über nicht etwa meinem Eifer und Mut, wohl aber über meiner Erleuchtung und meinen Talenten einschätze, vor allem wenn sie mich der Unterweisungen und Ratschläge berauben würde, die ich ohne Unterlaß von dieser Versammlung erhalten habe. Ich schlage also folgende Abänderung des Antrags vor: die geforderte Ausschließung auf den Herrn de Mirabeau, Deputierten des dritten Standes von Aix, zu beschränken. Ich werde mich glücklich schätzen, wenn um den Preis meiner Ausschließung ich für diese Versammlung die Hoffnung bewahren kann, einige ihrer Mitglieder, die mein ganzes Vertrauen besitzen, könnten enge Ratgeber der Nation und des Königs werden, die als unzertrennlich anzusehen ich nicht aufhören werden.»

Rede vor der Nationalversammlung, 1789

JOURNAUX
MOTIONS

Blumenmarkt auf dem Rathausplatz

Brunnen am Place de Général de Gaulle

LES DEUX
BIÈRE DE LUXE
CLUB
DE
STELLA ARTOIS

Paul Cézanne
Im Malen denken

Die Natur ist nicht an der Oberfläche, sie ist in der Tiefe. Die Farben sind der Ausdruck dieser Tiefe an der Oberfläche. Sie steigen aus den Wurzeln der Welt auf. Sie sind ihr Leben, das Leben der Ideen . . .

Was ich Ihnen da zu erklären versuche, ist viel geheimnisvoller, ist verknüpft mit den tiefsten Wurzeln des Seins, mit der unfaßbaren Quelle der Empfindungen. Die Farbe ist der Ort, wo unser Gehirn und das Weltall sich begegnen . . .

Ich könnte hundert Jahre malen, tausend Jahre, ohne einzuhalten; es würde mir vorkommen, als wüßte ich nichts. Man muß die Kontraste versöhnen durch das richtige Setzen der Farbtöne. Das geringste Versagen des Auges verdirbt alles. Und bei mir, das ist schrecklich, klebt mein Auge an einem Ast, einer Scholle. Ich leide darunter, wenn ich es davon losreiße, so sehr kann mich ein Ding fesseln. Eine Art Trunkenheit, Ekstase läßt mich wie im Nebel taumeln, wenn ich mich von meiner Leinwand löse. Sagen Sie, bin ich nicht ein wenig verrückt . . .

Nach der Natur malen, das heißt nicht, das Gegenständliche kopieren, es heißt, seine Empfindungen realisieren. Im Maler gibt es zwei Dinge: das Herz und das Gehirn; beide müssen sich gegenseitig helfen. Ich glaube an die logische Entwicklung dessen, was wir beim Studium der Natur sehen und empfinden.»

Der Place d'Albertas

Brunnen in Crestet

St-Paul-Troix-Châteaux in der Dauphiné

12

Riez in der Haute Provence

In Sospel

Peire Vidal
Kanzone vom Glück der Heimkehr

Zur Provence kehrt ich wieder
und, weil es die Herrin freut,
bring ich voller Dankbarkeit
ihr das Lachen meiner Lieder;
denn wer treu sich vorgesetzt,
edlem Dienste sich zu weihn,
tauscht auch edle Gaben ein,
wenn geziemend er sie schätzt:
drum erkühn auch ich mich jetzt.

Ohne Frevel tat ich Buße,
bat um Gnade ohne Schuld;
jedes Nichts nehm ich für Huld,
kehr den Groll zu mildem Gruße,
saug aus Tränen Freud und Lust,
Süßigkeit aus bitterm Trank,
stell mich tapfer, wo mir bang,
bleib Gewinner im Verlust,
im Erliegen siegbewußt.

Da ich niemals mich vergangen,
hoff ich, daß mein Mißgeschick
sich mir dauernd kehr in Glück,
wie's so schön hat angefangen.

Drum hol sich getrostern Mut,
wer da liebt, aus meinem Los:
denn nach Mühn, unsäglich groß,
zieh aus Schnee ich helle Glu,
süßen Trunk aus salzger Flut.

Hilflos wank ich und erliege;
doch da sie besiegt mich weiß,
lenkt's die Herrin so mit Fleiß
daß, besiegt, ich sie besiege;
schlichte Demut läßt's geschehn,
daß der Stolz sich vor ihr neigt,
und wo sich kein Helfer zeigt,
mir im Kampfe beizustehn,
hilft mein Knien und Gnadeflehn.

Da ich mich dareingefunden,
ganz in ihrer Macht zu sein,
sag auch sie mir nimmer nein;
wehrlos bin ich ihr verbunden,
sie verkauf mich, schenk mich hin!
Denn ein Narr ist, wer da sagt,
daß mir fremde Gunst behagt;
noch ihr Groll freut meinen Sinn
mehr, als daß wer Lust gewinn.

Wer da schilt das lange Warten,
scheint mir schmählich fehlzugehn;
denn auch die Bretonen sehn
Artus wieder, des sie harrten.
Ich, nach langer Wartezeit,

kam zum süßesten Genuß:
meine Herrin schenkt den Kuß,
einst geraubt im Liebesstreit,
mir aus freier Gnade heut.

Nehmt's, «Rainier», auf Treu und Ehre:
niemand reicht an Euch heran,
kein Baron stellt seinen Mann
so wie ihr in starker Wehre.
Weil denn Gott Euch schuf so reich
und mich Euch zum Dienst beschied,
dien ich Euch in Lob und Lied
und in meiner Macht Bereich:
keiner kommt, «Rainier», euch gleich.

Ich selbst, der auserlost
das Lob der Besten sang,
steh heut bestürzt und bang
und weiß mir keinen Trost;
wo Kurzweil man gesehn,
tönt nur Geschrei daher,
und bald gilt wohl die Mär
von Bretmars Gans so schön
bei jenen dort am Hof wie ein Gedicht
als Jahr und Zeit und edler Tat Bericht.

Die Herzen aufzuglühn,
die allzulang erstarrt,
ziemt's nicht, die alte Art
aufs neu ans Licht zu ziehn?
Kein Übel hab Bestand,
nur weil es festgekeilt;
und weil ich selbst geheilt,
sei jeder Arzt verbannt?
Nein, dreht's und wägt's,
  seht irgend ihr was Schlechts,
nehmt's auf, werft's hin
  und packt's von links und rechts.

Des einen rühm ich mich:
Nie in mein kleines Haus
drang mir der wilde Braus;
ich seh, des scheun sie sich.
Nur Ehre tat an mir
der Tapfre wie der Gauch;

drum denk «Fein Herrin» auch,
die Edle, nach Gebühr,
nicht brächt's ihr wahrlich Ehr
und Lob und Dank,
dächt jener ich getrost, doch ihrer bang.

Noch klag ich nicht. Warum?
Frag mich nicht lang:
sonst wird zuletzt zum Weinen mein Gesang.
Glaubt dem Dauphin,
er kennt den rechten Sang.

Fassade mit Uhr in Sospel

Boule, das französische Nationalspiel

Platane in Sospel

LE FRANCE
CASSIS

Der Bootshafen von Cassis

Kirschbaumblüte bei Gordes

Wasserfall in der Gorges de la Meourge

Sisteron, das nördliche Tor zur Provence

Die Dächer von Entrechaux

Tourette sur Loup

Kapelle St-Sixte bei Eygalières

Alphonse Daudet
In der Camargue

Nachdem wir den urbar gemachten Landstrich hinter uns gelassen haben, befinden wir uns mitten in der wilden Camargue. Soweit das Auge reicht, glänzen zwischen den Weideflächen Sümpfe und Entwässerungskanäle auf, inmitten von Salzkräutern. Tamarisken und Schilfrohr bilden kleine Inseln wie auf einem stillen Meer. Keine hohen Bäume. Nichts stört den gleichförmigen, endlosen Anblick der Ebene. Hier und dort spannen die Pferche für das Vieh ihre niedrigen Dächer dicht über den Boden. Verstreute Herden, die in den Salzkräutern liegen oder sich eng um den rötlichen Umhang ihres Schäfers drängend weiterziehen, unterbrechen die große einförmige Linie nicht, so klein werden sie in dieser unendlichen Weite der blauen Horizonte unter dem bedeckten Himmel. Wie das trotz seiner Wellen eintönige Meer strömt auch diese Ebene ein Gefühl von Einsamkeit, von Unermeßlichkeit aus, das der unablässig und unbehindert wehende Mistral verstärkt, der mit seinem gewaltigen Atem die Landschaft noch flacher, noch weiter zu machen scheint. Alles beugt sich vor ihm. Die kleinsten Sträucher tragen die Spuren seines Vorüberstreichens; sie bleiben gekrümmt und recken sich gen Süden, als ob sie ständig auf der Flucht wären …

Das allerschönste in der Camargue aber ist der Vaccarès. Oft gebe ich die Jagd auf und setze mich an das Ufer dieses Salzsees, eines kleinen Meeres, das wie ein Teil des großen anmutet, ringsum von Land eingeschlossen ist und eben durch seine Gefangenschaft bekannt wurde. Anstelle dieser Trockenheit, dieser Dürre, die für gewöhnlich so traurig stimmt, entfaltet der Vaccarès an seinen etwas höher gelegenen, von feinem, samtigem Gras begrünten Ufern eine ganz besondere und bezaubernde Pflanzenwelt: blaue Kornblumen, Bitterklee, Enzian und dieser hübsche Widerstoß, der im Winter blau, im Sommer rot ist, seine Farbe mit dem Witterungsumschwung verändert und bei immerwährendem Blühen mit seinen verschiedenen Färbungen die Jahreszeiten anzeigt.

Gegen fünf Uhr abends, wenn die Sonne sinkt, bieten diese drei Meilen Wasser ohne ein Boot, ohne ein Segel, die sie begrenzen oder ihre Weite verändern könnten, einen herrlichen Anblick. Es ist nicht mehr der intime Reiz der Teiche und Kanäle, die in gewissen Abständen zwischen den Falten des mergeligen Geländes auftauchen, unter dem man überall das Wasser sickern fühlt, das nur darauf wartet, bei der geringsten Senkung hervorzuquellen. Dieser Eindruck hier ist groß und weit.

Das glitzernde Leuchten der Wellen lockt von ferne Scharen von Trauerenten, Reihern, Rohrdommeln, Flamingos mit weißen Bäuchen und rosafarbenen Flügeln an, die sich zum Fischen das ganze Ufer entlang in einer Reihe aufstellen, so daß ihre verschiedenen Farbtöne wie in einem langen gleichmäßigen Streifen angeordnet sind; und weiter kommen da Ibisse, echte Ibisse aus Ägypten, die sich in dieser herrlichen Sonne und in dieser stillen Landschaft so recht zu Hause fühlen. Von meinem Platz aus höre ich wirklich nichts außer dem Wasser, das plätschert, und der Stimme des Hüters, der seine am Ufer verstreuten Pferde zurückruft. Sie haben alle wohltönende Namen: ‹Zifer! . . . (Luzifer) . . . Estello! . . . Esturnello! . . .› Wenn ein Tier seinen Namen hört, kommt es sofort mit wehender Mähne angelaufen und frißt seinen Hafer aus der Hand des Hüters.

Weiter weg, immer noch am gleichen Ufer, weidet eine große Herde Stiere, ebenso in Freiheit wie die Pferde. Hie und da erblicke ich über einem Tamariskengebüsch den Umriß ihrer runden Kämme und ihre kleinen sichelförmigen Hörner, die in die Luft ragen. Die meisten dieser Stiere der Camargue werden für die ‹Ferrades›, für die Dorffeste, gezüchtet; und einige von ihnen haben Namen, die auf allen Arenen der Provence und der Languedoc schon berühmt sind. So gehört zur Nachbarherde unter anderen Tieren ein gefürchteter Kampfstier, der ‹Römer›, der, ich weiß nicht wieviele, Männer und Pferde bei den Kämpfen in Arles, Nîmes, Tarascon aufgeschlitzt hat. Seine Gefährten haben ihn deshlb auch zum Anführer gemacht; denn in diesen sonderbaren Herden regieren sich die Tiere selbst, indem sie sich um einen alten Stier scharen, den sie als Leittier anerkennen. Wenn ein Wirbelsturm über die Camargue hereinbricht, verheerend in dieser riesigen Ebene, wo nichts ihn ablenkt oder aufhält, muß man gesehen haben, wie sich die Herde hinter ihrem Anführer eng aneinander drängt und wie alle Tiere mit gesenkten Köpfen dem Wind die breiten Stirnen entgegenstemmen, wo die geballte Kraft der Stiere sitzt. Unsere provenzalischen Hirten nennen dieses Manöver: *vira la bano au gisele* – dem Wind die Hörner zudrehen. Und wehe der Herde, die sich nicht danach richtet! Blind vom Regen, und vom Wirbelsturm fortgerissen, läuft sie in wilder Flucht im Kreis herum, gerät völlig durcheinander, löst sich auf; die verstörten Tiere versuchen, dem Sturm zu entgehen, sie rasen auf und davon und stürzen sich in die Rhône, in den Vaccarès oder ins Meer.»

Alphonse Daudets Mühle von Fontvieille

Kanal bei Mont Calm

Bei Saintes-Maries-de-la-Mer

Am Etang de Vaccarès

Ausgewählte Literatur

Droste, Thorsten: Die Provence. Ein Begleiter zu den Kunststätten und Naturschönheiten im Sonnenland Frankreichs. DuMont Buchverlag, Köln 1986.

Frank, Paul: Cézanne. Eine Biographie. Rowohlt Verlag, Reinbek bei Hamburg 1986.

Gogh, Vincent van: Briefe an seinen Bruder. Hrsg. Johanna Gesina van Gogh-Bongers. Dritter Band, 1885–1890. Insel Verlag, Frankfurt am Main 1988.

Leonhard, Kurt: Paul Cézanne in Selbstzeugnissen und Bilddokumenten. Rowohlt Verlag, Reinbek bei Hamburg 1966.

Maier-Graefe, Julius: Auguste Renoir. Insel Verlag, Frankfurt am Main 1986.

Neuwirth, Hubert und Petra Neuwirth: Provence. Süddeutscher Verlag, München 1985.

Pach, Walter: Renoir. Leben und Werk. DuMont Schauberg, Köln 1976.

Wittkop, Justus Franz: Graf Mirabeau. Biographie. Bechtle Verlag, Esslingen o. J.

Norbert Kustos

Geboren 1957, arbeitet als Bildjournalist. Er konzentrierte sich nach seinem Studium der Germanistik und Geschichte zunächst ganz auf die Naturfotografie; später traten Städte und (Kultur-) Landschaften wie die Toskana und die Bretagne als bevorzugte Objekte hinzu. Kustos veröffentlicht seine Bilder in Buch- und Kalenderverlagen, Postkarten-Editionen sowie in international bekannten Magazinen.